Explora
EUROPA

Explora los Continentes

Molly Aloian y Bobbie Kalman

🌳 **Crabtree Publishing Company**

www.crabtreebooks.com

Creado por Bobbie Kalman

Dedicado por Katherine Kantor
Mojemu kochanemu ojcu chrzestnemu,
Wujkowi Wieśkowi Murawskiemu.

Editora en jefe
Bobbie Kalman

Equipo de redacción
Molly Aloian
Bobbie Kalman

Editora de contenido
Kathryn Smithyman

Editores
Michael Hodge
Kelley MacAulay

Investigación fotográfica
Crystal Foxton

Diseño
Katherine Kantor

Coordinación de producción
Heather Fitzpatrick

Técnica de preimpresión
Nancy Johnson

Consultor
Dr. John Agnew, Profesor del Departamento de Geografía de UCLA

Consultor lingüístico
Dr. Carlos García, M.D., Maestro bilingüe de Ciencias, Estudios Sociales y Matemáticas

Ilustraciones
Barbara Bedell: páginas 4 (ave), 20 (planta)
Katherine Kantor: páginas 4 (mapa), 7, 13, 21, 22, 26, 30, 31
Robert MacGregor: portada (mapa), contraportada (mapa), páginas 8-9,
    12 (mapa), 14, 16, 18 (mapa), 20 (mapa)
Bonna Rouse: páginas 12 (hoja de nenúfar), 18 (árbol), 25
Margaret Amy Salter: páginas 4 (mariposa), 10, 17

Fotografías
© Bryan & Cherry Alexander/Arcticphoto.com: página 19 (parte inferior)
BigStockPhoto.com: © Paul Maydikov: contraportada; © Tyler Olson: página 22
Dreamstime.com: Edyta Pawlowska: página 24; Rui Vale de sousa:
    página 11 (parte inferior)
iStockphoto.com: portada, páginas 1, 10, 11 (parte superior), 13, 14, 15, 16, 17, 18,
    19 (parte superior), 20-21 (parte superior), 23, 25, 27, 28, 29, 31 (parte superior)
© ShutterStock.com: página 31 (parte inferior)
Otras imágenes de Corel, Digital Stock y Photodisc

Traducción
Servicios de traducción al español y de composición
de textos suministrados por translations.com

Library and Archives Canada Cataloguing in Publication

Aloian, Molly
    Explora Europe / Molly Aloian y Bobbie Kalman.

(Explora los continentes)
Includes index.
Translation of: Explore Europe
ISBN 978-0-7787-8291-9 (bound).--ISBN 978-0-7787-8299-5 (pbk.)

    1. Europe--Geography--Juvenile literature. I. Kalman,
Bobbie, 1947-
II. Title. III. Series.

D1051.A4618 2007   j914   C2007-904770-X

Library of Congress Cataloging-in-Publication Data

Aloian, Molly.
    [Explore Europe. Spanish]
    Explora Europa / Molly Aloian y Bobbie Kalman.
        p. cm. -- (Explora los continentes)
    Includes index.
    ISBN-13: 978-0-7787-8291-9 (rlb)
    ISBN-10: 0-7787-8291-3 (rlb)
    ISBN-13: 978-0-7787-8299-5 (pb)
    ISBN-10: 0-7787-8299-9 (pb)
    1. Europe--Juvenile literature. 2. Europe--Geography--Juvenile
literature. 3. Natural history--Europe--Juvenile literature. I.
Kalman, Bobbie. II. Title. III. Series.

    D1051.A5618 2008
    914--dc22
                                                    2007030670

Crabtree Publishing Company

www.crabtreebooks.com   1-800-387-7650
Copyright © **2008 CRABTREE PUBLISHING COMPANY**. Todos los derechos reservados. Se prohíbe la reproducción total o parcial de esta obra, su almacenamiento en un sistema de recuperación o su transmisión en cualquier forma y por cualquier medio, ya sea electrónico o mecánico, incluido el fotocopiado o grabado, sin la autorización previa por escrito de Crabtree Publishing Company. En Canadá: Agradecemos el apoyo económico del gobierno de Canadá a través del programa *Book Publishing Industry Development Program* (Programa de desarrollo de la industria editorial, BPIDP) para nuestras actividades editoriales.

Publicado en Canadá
Crabtree Publishing
616 Welland Ave.
St. Catharines, Ontario
L2M 5V6

Publicado en
los Estados Unidos
Crabtree Publishing
PMB16A
350 Fifth Ave., Suite 3308
New York, NY 10118

Publicado en
el Reino Unido
Crabtree Publishing
White Cross Mills
High Town, Lancaster
LA1 4XS

Publicado en Australia
Crabtree Publishing
386 Mt. Alexander Rd.
Ascot Vale (Melbourne)
VIC 3032

Contenido

Cinco océanos, siete continentes

El agua cubre cerca de tres cuartas partes de la Tierra. Las zonas azules de este mapa muestran dónde hay agua en la Tierra. Las masas más grandes de agua se llaman **océanos**.

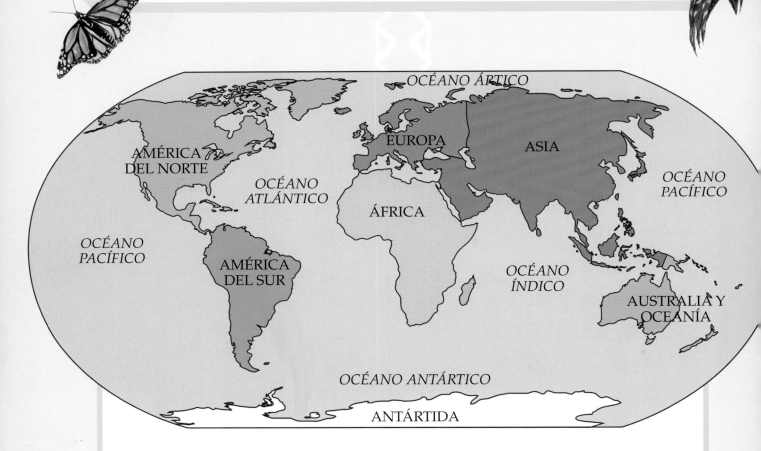

OCÉANO ÁRTICO

EUROPA

ASIA

AMÉRICA DEL NORTE

OCÉANO ATLÁNTICO

OCÉANO PACÍFICO

ÁFRICA

OCÉANO PACÍFICO

AMÉRICA DEL SUR

OCÉANO ÍNDICO

AUSTRALIA Y OCEANÍA

OCÉANO ANTÁRTICO

ANTÁRTIDA

Océanos de la Tierra

Hay cinco océanos en la Tierra. En orden de mayor a menor son: océano Pacífico, océano Atlántico, océano Índico, océano Antártico y océano Ártico.

Las aguas del océano bañan partes de Europa.

Continentes de la Tierra

Los cinco océanos rodean inmensas zonas de tierra llamadas **continentes**. Hay siete continentes, que en orden de mayor a menor son: Asia, África, América del Norte, América del Sur, Antártida, Europa y Australia y Oceanía.

Aprende sobre Europa

Este libro habla del continente de Europa, que tiene 46 **países**. Un país es una parte de un continente que tiene **fronteras** y un **gobierno**. La frontera es el lugar donde termina un país. El gobierno es un grupo de personas que están a cargo de un país.

El continente de Europa es un poco más grande que los Estados Unidos.

Cómo encontrar los países

Este cuadro tiene los nombres de muchos países de Europa. La lista está numerada. Los números del mapa muestran dónde están estos países en Europa.

1. SUIZA
2. AUSTRIA
3. ESLOVENIA
4. CROACIA
5. BOSNIA Y HERZEGOVINA
6. MONTENEGRO
7. ALBANIA
8. MACEDONIA
9. SERBIA
10. HUNGRÍA
11. ESLOVAQUIA
12. REPÚBLICA CHECA
13. ALEMANIA
14. POLONIA
15. UCRANIA
16. MOLDAVIA
17. RUMANIA
18. BULGARIA
19. TURQUÍA
20. BIELORRUSIA
21. LITUANIA
22. LETONIA
23. ESTONIA

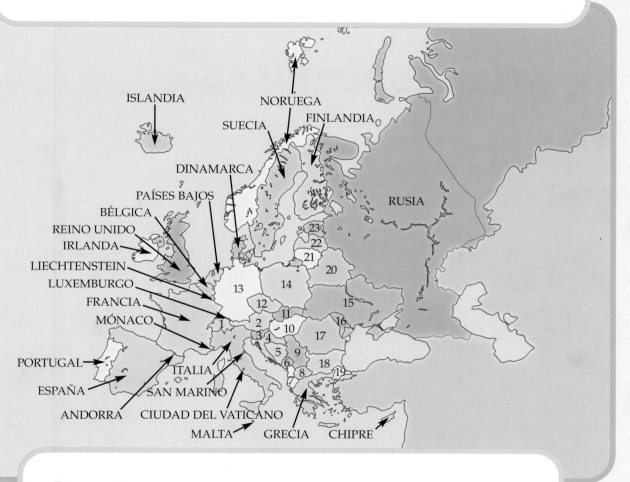

Datos importantes

Europa está unida al continente de Asia. La línea roja de este mapa indica la división entre Europa y Asia. Una parte de Rusia está en Europa y otra parte en Asia.

Un vistazo a la Tierra

Los cuatro **puntos cardinales** de la Tierra son Norte, Sur, Este y Oeste. El punto de la Tierra que queda más al norte se llama **Polo Norte**. El punto de la Tierra que queda en el extremo sur se llama **Polo Sur**. El estado del tiempo es frío todo el año en las zonas cercanas al Polo Norte y al Polo Sur.

EUROPA

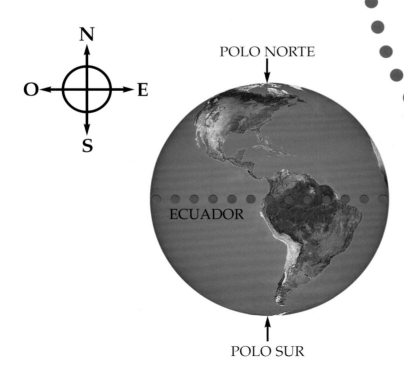

N

O E

S

POLO NORTE

ECUADOR

POLO SUR

Al norte del ecuador

El **hemisferio norte** es la parte de la Tierra que queda al norte del **ecuador**. Está entre el ecuador y el Polo Norte. Europa está en el hemisferio norte.

El ecuador

El ecuador es un círculo que divide la Tierra en dos partes iguales. El tiempo es cálido todo el año en las zonas cercanas al ecuador.

ECUADOR

Al sur del ecuador

El **hemisferio sur** es la parte de la Tierra que queda al sur del ecuador. Está entre el ecuador y el Polo Sur.

El estado del tiempo en Europa

El **clima** es el estado del tiempo típico de una región. El clima está compuesto por la temperatura, las lluvias y el viento. El clima es diferente en distintas partes de Europa. El norte de Europa está lejos del ecuador. Esta zona tiene un clima frío y con viento. Las regiones del sur de Europa que quedan más cerca del ecuador, tienen climas cálidos y soleados.

Suecia queda en la parte norte de Europa. Está lejos del ecuador y tiene clima frío.

Datos importantes

El Reino Unido es famoso por su clima lluvioso.

Seco o lluvioso

Algunas zonas del sur de Europa reciben menos de diez pulgadas (25 cm) de lluvia al año. Estas regiones tienen clima seco. Algunas zonas del norte de Europa reciben mucha lluvia al año. Su clima es lluvioso.

Algunas partes de España tienen clima seco. Esta fotografía muestra una zona seca de España.

El agua en Europa

El océano Atlántico baña la **costa** oeste de Europa. La costa es la tierra firme que está a orillas de un océano o de un **mar**. Un mar es una parte de un océano que está rodeada de tierra. Algunas partes de las costas de Europa están a orillas de un mar. Entre los mares de Europa están el mar Adriático, el Báltico, el Negro y el Mediterráneo.

MAR DE BARENTS

MAR DE NORUEGA

Lago Ladoga

OCÉANO ATLÁNTICO

MAR DEL NORTE

MAR BÁLTICO

Río Volga

Río Don

Río Sena

Río Rin

Río Loira

Río Danubio

MAR NEGRO

Río Po

Río Tajo

MAR ADRIÁTICO

MAR MEDITERRÁNEO

En Europa hay muchos *ríos*. Un río es una gran masa de agua que fluye hacia otra masa de agua, como el mar. Las líneas azules de este mapa muestran algunos ríos de Europa.

Lago Ladoga

El **lago** más grande de Europa se llama lago Ladoga. Mide más de 124 millas (200 km) de largo. Está en la parte noroeste de Rusia, cerca de la frontera de Rusia con Finlandia.

Datos importantes

Muchas personas pescan en las vías navegables de Europa. También **transportan** o llevan productos por estas vías. Usan barcos o embarcaciones para transportar los productos de un lugar a otro.

*El Danubio es el segundo río más largo de Europa. Esta parte del Danubio fluye por una ciudad llamada Budapest, que es la **capital** de Hungría.*

Penínsulas e islas

En Europa hay **penínsulas**. Una península es una zona estrecha de tierra que se extiende en el agua. La península de los Balcanes y la península Ibérica son dos penínsulas de Europa.

PENÍNSULA IBÉRICA

PENÍNSULA DE LOS BALCANES

*En Europa también hay muchas **islas**. Una isla es tierra rodeada por agua. Esta isla se llama isla Dragón y pertenece a España.*

Una isla volcánica

Islandia es una **isla volcánica**. Las islas volcánicas son la cima de un **volcán** que está situado bajo el agua del océano. Una isla volcánica se forma cuando un volcán que queda bajo el océano hace **erupción**. Una erupción es una explosión. Cuando un volcán hace erupción debajo del océano, lanza roca líquida y caliente llamada **lava**, que se vuelca en el fondo del océano. La lava se enfría y se endurece. Después de que un volcán ha hecho erupción varias veces, la lava se acumula hasta que se asoma a la superficie del agua y forma una isla.

15

Montañas altas

En Europa hay grupos de **montañas** llamados **cordilleras**. Los Alpes, los Apeninos, los Pirineos y los montes Cárpatos son cordilleras de Europa.

Las zonas de color marrón de este mapa muestran algunas cordilleras de Europa.

cordilleras

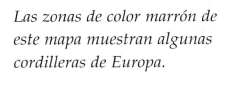

El íbice vive en los Alpes, los Pirineos y los Apeninos.

La vida en los valles

El clima de la cima de las montañas es muy frío y con viento. Pocas personas y animales viven allí. El clima de los **valles** no es tan frío como el de las cimas de las montañas. Los valles son zonas bajas de tierra que están entre las montañas. En los valles viven animales como las marmotas alpinas, y también viven personas.

marmota alpina

Estas casas quedan en un valle de Suiza.

Muchos bosques

Entre las ciudades y las granjas de Europa hay **bosques**. Los bosques son zonas en las que crecen muchos árboles. En Europa hay distintas clases de bosques, entre los cuales están los **bosques boreales** y los **bosques templados**.

bosques

Bosques boreales

Los bosques boreales quedan en el norte de Europa. Estos bosques tienen principalmente **coníferas**. Las coníferas son árboles que tienen conos y hojas en forma de aguja. En los bosques boreales viven animales como alces, castores y osos pardos.

Bosques templados

Los bosques templados crecen más al sur que los bosques boreales. Tienen coníferas y **árboles de hojas anchas**. Estos árboles tienen hojas amplias y planas. En los bosques templados viven ciervos, ardillas, aves y muchos otros animales.

En el otoño, las hojas de los árboles de hojas anchas cambian de verde a amarillo, rojo o anaranjado. Luego se caen de los árboles.

El pueblo sami o lapón vive en los bosques boreales de Noruega, Finlandia y Suecia.

19

La tundra plana

En el norte de Europa hay una zona de tierra plana y congelada llamada **tundra**. Allí el invierno dura casi todo el año. El verano es corto y frío. En la tundra viven algunos **pueblos nómadas**. Los pueblos nómadas van de un lugar a otro en busca de alimento y agua.

tundra

Esta fotografía muestra renos que viven en la tundra de Europa. Los renos son un tipo de ciervo.

De viaje

Algunos animales de la tundra como el caribú y los gaviotines árticos, **migran**. Migrar significa ir de una región a otra durante cierto tiempo. Estos animales se van de la tundra antes de que comience el invierno y viajan al sur, donde el clima es más cálido. Los gaviotines árticos migran más lejos que cualquier otro animal. Viajan desde la tundra hasta el Polo Sur y luego regresan.

Zonas urbanas

En Europa viven más de 700 millones de personas. La mayoría de los europeos viven en **zonas urbanas** o ciudades. Moscú, Londres, San Petersburgo, París, Berlín, Madrid y Roma son siete de las ciudades más grandes de Europa.

REIKIAVIK

OSLO

SAN PETERSBURGO

MOSCÚ

MINSK

LONDRES

BERLÍN

PARÍS

VARSOVIA

KÍEV

PRAGA

MADRID

MILÁN

BUDAPEST

BUCAREST

ROMA

ATENAS

Este mapa muestra algunas ciudades de Europa.

Praga queda a orillas del río Moldava.

Datos importantes

Muchas zonas urbanas están cerca de vías navegables, como ríos.

Viejo y hermoso

En las ciudades de Europa hay muchos castillos, **catedrales** y **museos** hermosos. Personas de todo el mundo vienen a ver estos **edificios históricos**. Algunos de los edificios de zonas urbanas de Europa tienen miles de años.

Esta fotografía muestra una de las iglesias más famosas de Europa. Es la basílica de San Pedro, situada en Roma, Italia. ¡La basílica de San Pedro tiene más de 500 años!

Aldeas y pueblos

En Europa, algunas personas viven en **zonas rurales**. Una zona rural es un lugar que se encuentra en el campo, fuera de la ciudad. Esta fotografía muestra una **aldea** de Eslovaquia. Una aldea es un grupo de casas y otros edificios en un área rural. En las zonas rurales de Europa también hay **pueblos** pequeños. Un pueblo es más grande que una aldea, pero más pequeño que una ciudad.

Flores hermosas

En algunas zonas rurales de Europa crecen **bulbos** y hermosas flores. Los bulbos son las partes subterráneas con forma redondeada de algunas plantas. Esta fotografía muestra hileras de tulipanes cultivados en una zona rural de los Países Bajos. Los Países Bajos son famosos por los tulipanes.

Venta de recursos

Europa tiene muchos **recursos naturales**. Un recurso natural es un elemento que se encuentra en la naturaleza, como el petróleo. Las personas venden recursos naturales para obtener dinero. La **madera de construcción** es uno de los recursos naturales de Europa. Para obtenerla hay que cortar árboles.

Este mapa muestra dónde se encuentran algunos recursos naturales de Europa.

uvas de vino

papas

trigo

madera de construcción

maíz

petróleo

Vino de Europa

En Europa se produce mucho **vino**, que luego se vende a otros países del mundo. El vino es una bebida que se hace con jugo de uva. En muchos países la gente toma vinos hechos en Francia, Alemania e Italia.

*En este **viñedo** de Francia los agricultores producen uvas. Un viñedo es una región en la que se cultivan parras. Los agricultores venden las uvas a los vinicultores, que las usan para hacer vino.*

La cultura en Europa

La **cultura** consiste en las creencias, las costumbres y la forma de vida que comparte un grupo de personas. En Europa las personas **expresan** o muestran su cultura participando en eventos, y a través del arte, la música y las danzas. Los deportes y los juegos también forman parte de muchas culturas europeas. Estas páginas muestran algunos aspectos de la cultura europea.

Arquitectura artística

La **arquitectura** es una forma de arte. Es el arte de diseñar y construir edificios. El tipo de arquitectura de esta fotografía se encuentra en Grecia.

La diversión del fútbol

En Europa, a muchas personas les gusta jugar y ver partidos de fútbol. Hay muchos jugadores famosos de fútbol que son de Europa.

Componer música

La música es una parte importante de la cultura europea. Esta fotografía muestra una escultura de un **compositor** llamado Wolfgang Amadeus Mozart. Nació en Austria hace más de 200 años. Hoy muchos niños escuchan la música de Mozart. Su música es famosa en todo el mundo.

Cosas para ver y hacer

Personas de todo el mundo visitan Europa en viaje de placer. Las personas que viajan a un lugar por diversión se llaman **turistas**. Estas páginas muestran sólo algunos de los lugares que los turistas visitan. Los mapas muestran dónde quedan esos lugares en Europa.

*La torre Eiffel queda en París, Francia. Tiene 984 pies (300 m) de altura y está hecha de **hierro**. Fue diseñada por un francés llamado Alexandre Gustave Eiffel.*

Muchas personas van a Roma (Italia), para ver un viejo e inmenso **anfiteatro** llamado coliseo. El coliseo tiene miles de años.

El London Eye de Londres (Inglaterra), es la rueda de la fortuna más grande del mundo. ¡Mide 443 pies (135 m) de alto! Las personas que suben al London Eye pueden ver hasta 24 millas (39 km) en todas direcciones.

Glosario

Nota: Es posible que las palabras en negrita que están definidas en el texto no figuren en el glosario.

anfiteatro (el) Edificio con un gran espacio central en el que se pueden ver y practicar deportes

capital (la) Ciudad grande en la que se encuentra el gobierno de un país

catedral (la) Iglesia grande e importante

compositor (el) Persona que compone música

edificios históricos (los) Edificios famosos o importantes en la historia

hierro (el) Metal fuerte y duro

lago (el) Masa grande de agua rodeada de tierra

montaña (la) Zona elevada de tierra con laderas empinadas

museo (el) Edificio en el que se conservan y exhiben obras de arte y otros objetos para que la gente los vea

pueblos nómadas (los) Grupos de personas que no viven en casas permanentes y que viajan de un lugar a otro para encontrar alimento y agua

volcán (el) Montaña con una abertura en la parte superior de la cual salen a veces cenizas y lava caliente

Índice

Impreso en Canadá